U0069371

南師所講

呼吸法門精要

劉雨虹 彙編

出版說明

《呼吸法門精要》這本小書，在二〇一三年的八月，首先由上海書店出版社，以簡體字在大陸出版。大概由於書本小，書價低，當然更因爲是南老師所講，所以出版後立即進入暢銷排行榜第四名。到了十一月，已是第三次印刷，前後四個月內，共印了十萬冊之多。

可是習慣閱讀正體字的讀者，難免有向隅之歎；更有許多大陸讀者，反而偏愛台灣繁體字版本。他們認爲，繁體字版面，閱之心曠神怡，所以這本書就在台灣印行了。

下頁的「再版前言」和「編者的話」，是在印行簡體字版本時所寫的。

劉雨虹

民國一〇三年四月

再版前言（簡體字版）

一本印了兩萬冊的小書，出版後竟然立即進入暢銷排行第四名，實在令人吃驚，更令人高興。

我說的高興，不是爲了名利，而是爲了一個想法，現在證明這個想法沒有錯，所以高興。

在編這本小書的時候，也曾費了不少心思，因爲現在是人人手機的時代，當看到一本厚重的大書時，必有望而生畏的感覺。尤其是一本需要翻來翻去，看一遍又一遍的書，如果太厚重的話，看了半天還抓不到中心重點，結果多半有始無終，最後置諸於高閣了事。

關於南師懷瑾先生呼吸法門的講解，散見於很多書中，資料很多，取捨頗費思量。在編寫之初，南師雖未明講以多少字爲原則，但猜測在一般人的心目中，至少應有十萬字左右，才算是一本書吧！

可是我考慮再三，決定編成半數不到的文字，所以只能算是一本小冊子。

雖然有人認爲，字數太少沒有分量，無人注意，但我的想法是，文字簡短明瞭，就容易了解，容易掌握重點，容易產生興趣。所以最後編成了一本入門的小書。

更何況，買一本小書花費有限，買起來方便，看起來方便，想了解也方便，這本小書自然就會普及流通了。

古人說：「山不在高，有仙則靈」；這本小書是：「書不在厚，有益則大」。這不是吹牛，因爲，有好幾個讀者，他們呼吸之氣的障礙，都由此書而暢然若失了。多麼令人欣慰啊！

呼吸之氣，是生命存在的基本；而身心修養的初步，更離不開呼吸之氣。所以能夠注意這個氣的問題，就是走上健康之路的第一步了。

現趁此書再版之際，祝願眾生，少病少惱，進而國泰民安，人人健康，人人長壽，人人幸福。

劉雨虹

於上海，二〇一三年十一月

編者的話（簡體字版）

這本小書的出版，頗有些特殊的因緣背景。

首先是南師懷瑾先生，在宣導文化說法五六十年的經歷中，深感幾世紀來，由於修持方面的障礙和問題，造成行者難以如法，故而修持的人能成功者極爲罕見。

南師一生致力於各教派的實證和研究，認爲釋迦牟尼佛所傳最快捷修行的兩大法門，未獲眞確明瞭，實爲行者難以成功的主要原因。

爲此之故，近數年來，南師於講課時，常常涉及《達摩禪經》中之十六特勝安那般那法門的解說。

二〇〇七年二月春節講課期間，南師在教授十六特勝並督導同學修持之時，某日，忽然指示編者，將其散見各書及講記中之安那般那修法，加以收集整理，並彙編成冊，以方便學習者修持之參用。這本書就因而產生了。

關於安般法門，除經典中有扼要的提出外，千餘年來，多有大師將個人修法成就，系統輯集成論，其中以六妙門三止三觀最被稱道。

學佛修法，其方式，其制度，在時空不同，對象有異的狀況下，不免形成改變，也是勢所必然。昔日就有百丈禪師創建叢林制度，大改印度規律，當時曾遭嚴苛之抨擊，而佛法卻因之發揚廣大。

一般認爲，「經、律、論」三者，論著屬個人心得經驗見解之說，故能承受討論或批評；甚至戒「律」部分，除根本性戒外，亦可因時因地重新討論或修訂。

有人說，在了解一種新的修行方法論述時，先需查究是何人所說，何時所說；如果是學者或義理師所講，可列入佛學中作爲學術參考。

如果言說者是一位實際修持，而且求證有成的行者，那就要愼重的對待了。

但是，無論如何，修行是有因緣因素的；如對傳法的人，或對所傳的方法有所疑慮；或認爲與經典及古賢所說未能完全契合，則可有幾項選擇。其一是自己修證，屆時圓滿自明；其一是改投其他有修有證的大師學習。故而不必斤斤於微末細節。永嘉大師曾說，「大象不遊於兔徑，大悟不拘於小節」。

在這本書中，南師評論了一些修行方法，不管是正說，是反說，讀者定有智慧去深入，去體會。希望這本小書能對修學者提供助益和方便，爲禱爲盼。

又，本書原稿及編者的話，在二〇〇八年已經南師審閱無誤。

劉雨虹 記，二〇一三年四月 廟港

contents

第五節 與修法有關的事

第一節

容易成功的法門

佛法是什麼

我們這一次開始，是從佛法入手，不是佛學，也不是佛教。你們看我的書，有一個觀念要搞清楚，我經常把這三個分得很清楚。第一個是佛教。佛教是宗教，它有它宗教的形式，有它宗教的習慣，有它宗教的行爲；譬如出家、蓋廟子、化緣、做法事，都屬於佛教的範圍。尤其佛教到中國來，建立了中國特色的佛教，中國叢林制度的佛教究竟如何，你們應該要懂，可是現在很少有人懂。

第二個是佛學。一般人研究佛經，乃至東南亞小乘的國家，以及注重小乘的國家，如日本，乃至韓國、泰國、越南，乃至中國；還有大學問家，研究哲學的，研究佛學的，都是屬於佛學的範圍，是講理論的。佛學家都很有學問，講起來頭頭是道。在我呢？從小到現在只有四個字，就是古文一句話「在所不取也」。大家聽懂這一句古文吧！對於這些，我是理都不理，因爲我也很傲慢，講學問太容易了，在所不取也，我看不起；不是看不起，是不注重這一面。世界上學問多得很啊！如果眞講佛學我也會，還可以比大家細密一點；但是我不注重，不向這一面走。你佛學再好，我也不理會。

第三是佛法。所以我是要學佛法的，要學習怎麼樣成佛，怎麼樣得道，至少打坐坐起來怎麼入定，這就不只是學理的問題了。因爲佛法像學科學一樣，一個人如果要發明，要做一個科學家，光談科學的理論是不夠的；得個博士學位不過教書而已嘛！所以我不講佛學。但是你們講的佛學我還看不上，你們一講，我認爲都錯，我要告訴人的是佛法。我一生走的路線是研究佛修行的方法，因爲那是解決人的生死問題。

學佛法要提問題，要懷疑的，要求證的。如果聽了就相信，那是宗教，不是佛法。佛法是科學的，要追問的，追問這個問題的究竟怎麼樣，並且要親自試驗求證。

釋迦教的長壽法門

釋迦牟尼佛的教導，有兩個法門最重要，一個是安那般那出入息；一個是不淨觀白骨觀，重點在白骨觀。現在南傳的小乘佛教，統統修這兩個法門。南傳的小乘佛教是不承認大乘的，更反對什麼密宗啊，禪宗啊，華嚴啊，天台啊，淨土啊都反對，認爲那都是後期的佛學。我當年在台灣講學理的時候，先拿小乘來講；現在在座的吳同學還記得當年講課的時候，整個師範大學禮堂內外站滿了人，那時是剛剛開創。我做的事向來都是「平地起風雷」，同廟港現在一樣，一塊荒地把它搞起來。

釋迦牟尼教你修持走呼吸的路線，安那般那就是一呼一吸。

所以我在《如何修證佛法》上面提到過，你們沒有注意啊，釋迦牟尼佛吩咐四個弟子永遠活在這個世界上；當然我們沒有見到，是據說。我也相信這四個人眞的活著；一個是迦葉尊者，禪宗的第一位祖師，第二個是佛的兒子羅睺羅，第三個是君屠鉢嘆，第四個是賓頭盧尊者。此人原是印度一位宰相的兒子，因爲他現了神通，犯了佛的規矩，佛就罵他：叫你不要現神通，罰你留形住世，不准死。所以長壽是留在這個世界上受罪的啊。這四位，在佛法中是特別明顯的，稱爲留形住世的尊者。

我常常提醒大家注意，他們四位是用什麼方法得以留形住世呢？就是修安那般那。我的研究對與不對，你們去求證吧。

回過來看《大藏經》，你們當然沒有全部研究過。佛自己在雪山修苦行六年，不吃東西，六年哦！他當時只有二十幾歲。所謂的雪山就是喜馬拉雅山，他是尼泊爾人，到北部就是喜馬拉雅山的錫金、不丹這一帶的地方。他就是在那個山腳下最冷的地方修苦行。六年來每天等於只吃一顆青棗，像我們北方青的紅棗一樣，二三十歲就變成七八十歲的老頭子一樣，枯瘦如柴，比我現在當然還要瘦，只有皮包骨了。

他六年的苦行求證，在律藏裡頭講到過，他是反對修呼吸法的；他說那時候修氣功，因爲不吃飯，只靠吃氣，修這個法門的時候，頭痛得很，痛苦極了，頭要裂開了，所以他叫弟子們不要修這個法門。爲什麼後來又叫弟子們修安那般那呢？這是個問題吧？而且在另外一部戒律上也講到，佛出來說法幾十年以後，曾閉關兩個月，出關後弟子們問他在關房裡修什麼，他說修安那般那。又是呼吸法！好奇怪啊，他一邊叫大家不要修呼吸法，修得很痛苦，一邊自己還在修這個；有時休息也修這個。所以我看《大藏經》和你們不同吧！我注意的是修持這一方面。我們同佛出家一樣，追求的是了生死，這是生命的問題啊，不是光吹牛談學理的。

修行道地經的故事

佛叫我們先修出入息，再修到明心見性、成佛，證阿羅漢果，連帶身體也變化了，叫做即身成就。這是個祕密。所以我告訴大家，像我這一生，不敢說世界上這些統統學過了，但幾乎差不多學遍了。回過頭來一看，原來這許多的法門，都是從佛所講的變出來的。大家都被這些花樣騙住了！其實就是修出入息。所以最近這幾年，我叫你們看三國以後，也就是東西晉這個階段，翻譯的佛經，除《般舟三昧經》《安般守意經》以外，還有講修行很重要的一本《修行道地經》。

這本經是當時最初比較具體的翻譯，可是我當年看《大藏經》的時候，把它忽略過去了，所以後來非常懺悔。因爲我們書讀多了，有的時候被文字困住，看到他把五陰翻譯成色、「痛」、想、行、識，認爲是初期的翻譯，翻得不行。後來的翻譯是色、「受」、想、行、識。等到三四十年後，再誠心的讀，才發現他翻譯得對，因爲感受都是難過的、痛的。他是印度人，到中國來把佛的修行方法翻成中文，「色」容易講，看得見；「受」是什麼呢？一定是掐人家一把，感到很痛，所以把感受都翻成痛。感受最大的反應是痛，輕度的反應是癢。

佛傳的安那般那這個《修行道地經》，是三國的時候翻譯過來的，道家非常注意。道家講練氣，在東晉、西晉最爲流行，是把佛家跟道家兩個方法融合起來，所以那二三百年之間，出的神仙特別多。

所以不要認爲鼻子的氣脈不重要。早晨起來，雙鼻通的人絕對健康，有一邊不通身體就有問題，對男女、飲食就要注意守戒了。尤其要學會單鼻呼吸，右鼻的呼吸進來，從右脈下去，管大腸系統。左鼻的呼吸管賀爾蒙（內分泌），或者男女精的那個系統。尤其是左邊，以中國來講，左邊是陽，右邊是陰。還不止如此，你兩鼻氣脈通了以後，如果去買房子時，到一個環境，進入房子內，一聞有怪味、怪氣，風水不好，有點邪門的，這個房子就不要了。

譬如我們在這個禪堂，你聞聞看，你們自己有鼻子嘛！我說你們要修道做工夫，爲了生命，天下最便宜的生意你不做！自己媽媽生的鼻子，一毛錢不花，卻不肯去做工夫，眞是天下的笨蛋。

我們普通活了幾十年，只曉得白天活著，夜裡睡覺，呼吸也永遠在呼吸，誰來管過自己的思想啊！如果思想和氣兩個沒有配合的話，它就分兩條路走了。尤其我們在注意一件事情的時候，呼吸好像停止了，因爲拚命在注意事情。有時候看到一個人，一件事情，哎唷！好可怕，呼吸就停掉了。或者有一件很高興的事，哈哈一笑，呼吸也停了。心跟氣根本不容易配合。

心氣配合爲一的時候，你才懂中醫所講的十二經脈的變化，身體內部的變化，以及一切的變化。那時才懂得修行之路，所以對於氣的認識非常重要。

消息 出入息

安那般那中文簡稱出入息，也就是出息、入息。那麼翻譯中文的時候，爲什麼不翻成出入氣呢？問題就在這裡哦。大家研究中國傳統文化就要注意了，「息」字是哪裡來的？出在《易經》，我們現在講話，比如說有沒有「消息」，消息這兩個字出在五經中的《易經》，我們已經用了幾千年。不是孔子哦，老祖宗就有了。什麼叫「消」？這是科學了，我們一切動作，一切講話，一切生命都在消，都在放射消失掉。以科學來講就是物理的放射作用，放射完了就沒有了。不是沒有，而是「息」，那是成長，息是成長哦。所以一消一息就是佛學講的一生一滅。滅不是沒有，是另一個生命的開始。

第二節

為什麼修出入息

說風

釋迦牟尼教導弟子們即身成就、證果位的修持方法，是先由修出入息入手。我們給它下一個註解，是先修有爲法；就是從現有生命的生理方面入手去修的。現在的生命，重點就是鼻子到喉嚨這裡三寸的地方，如果氣不在就活不了，一口氣不來就是死亡，所以要從這裡開始修。

在修學的物理方面講是修風大，就是宇宙的能量變成氣，氣變成風。這個風是無形無相的，誰看到過風啊？我們大家看到過風沒有？沒有。你說有啊，風吹到臉上有感覺，那是你臉的感覺耶！那個風的體是什麼樣子，你不知道。所以在《莊子·齊物論》中，描寫宇宙天地的大氣，碰到小孔有小聲，大孔有大聲，他描寫得太鬧熱了。這個不是風的相貌哦，莊子講的就是這個氣。所以第一篇〈逍遙遊〉就是講氣化，宇宙物理的變化，〈齊物論〉也告訴你這個氣的重要。

生命是靠這一口氣，喉嚨這裡三寸，氣不來就死了；進來不呼出去也死了。這個生命是那麼脆弱、短暫，就在這個呼吸往來之間。

在八識裡頭，這個呼吸是什麼作用知道嗎？這叫「根本依」，因緣裡頭的根本依。你問一般講唯識的，什麼叫根本依？他會說「那是習氣」，把根本依當成理論上的觀念了；他不曉得就是這個氣來的，這個氣叫做根本依。

根本依的後面是什麼？是「種子依」。那就是你的個性了，前生業力的習氣所帶來那個叫種子依。所以你們要搞清楚，我們活著有這一口氣的生命，在死亡以前是根本依在這裡。而這個氣呢？表面上看到是身體內部一股氣，尤其是鼻子這裡很明顯；實際上不只是鼻子，我們全身十萬八千個毛孔都在呼吸。尤其身體上有九個洞，兩個眼睛，兩個鼻孔，兩耳朵，一個嘴巴，臉上有七個，下面小便大便，九個洞都在呼吸。不過呼吸主體的作用在鼻子，像煙囪一樣，兩個煙囪在呼吸。

善行數變的風

所以我叫你們讀《黃帝內經》，現在中醫不大注意，幾千年前我們老祖宗講風是怎麼講的？《黃帝內經》有一句話，說我們身體內部的風，這個氣流，是「善行而數變」五個字。怎麼叫善行？你不要看成善惡的善哦！這個善是形容辭。這個風在身體內部是咻……咻……這樣轉，轉得很快，叫善行。

身體內部這個氣不僅動而且數變，人爲什麼會中風呢？風碰到那個骨節時，地大這一部分溫度不夠了，或者骨節疏鬆，這個氣一到這裡，咻！打中了，動不了啦。風善行而數變，風與它物相合會結塊，變成實體的了；所以說有些人身體裡長瘤啊，生癌症啊什麼的。譬如說有時候打起坐來身體發癢，癢得不得了，我就給他吃中藥的消風散加白芷，把風打開。老師啊，你那個藥好靈哦，不癢了。爲什麼癢？因爲風在裡頭動，痠痛也是風在那裡作怪，看你用什麼藥。《黃帝內經》這一句話，現在人的中文不好，怎麼能讀懂醫書啊！

風就是氣，所以佛叫我們修安那般那，修風大，修呼吸氣，直接可以達到三禪天的境界；然後配合了念頭清淨，就到四禪。四禪是捨念清淨，我講了半天很吃力，還是聽我們的老師釋迦牟尼佛的提倡，教大家修安那般那吧。

佛叫你修安那般那，教你怎麼樣從修呼吸入手，把這個生命改變過來，即身成就。也就是用這個肉體的身，直接可以成佛。最後無修無證，成功了，如如不動；就是洞山祖師悟道的最後一句話「方得契如如」，不動了，修到了。這個修法的發展很廣，所有密法、道家，尤其是道家修神仙的，修長生不老法門的，統統是從安那般那來的。這個安那般那同生死有關，所以修風大，在中國變成道家的修氣脈。像打通任督二脈，打通奇經八脈，乃至修守竅，或者守丹田，都是從修呼吸變出來的。

風動了

行陰，就是動力在轉，這個動的力量是什麼？佛告訴你就是風大，就是一股氣在生命這裡轉。這股生命的力量，就是動能，是行陰。你們注意，行在動力究竟是屬於眞空力學，還是屬於量子力學，還是屬於生命力學，等科學家慢慢去摸吧。

所以修行修行，告訴你這個行就是動力在變化，能量在變化。這個氣就是能量，在胎中七天一個變化，然後第一個七天生出來第一條督脈，就是背脊骨這裡慢慢生起來的。當然生起來是沒有骨頭的，是軟的。所以我們中國的醫書《黃帝內經》中說，風「善行而數變」，它變出來了，這股氣是由背脊骨這裡變出來了。修氣脈，做工夫，就是與這個地方有關，中脈也慢慢的開始長了出來。

所以我們打坐修行，是從修四大的「風大觀」進入。風大和這個身體有密切的關聯，當我們從娘胎開始，一直到現在，很明顯容易感覺到的是「風大」，它表現在呼吸往來上。一口氣不來其他的四大就跟著完了，呼吸往來就是「風大」的生滅作用。當「風大」停止作用，呼吸停止往來，其它的四大也就沒有了。「風大」和「空大」是比較密切的一組，「風大」一散就空了。

呼吸是什麼東西呢？就是佛學的生滅法，有生就有滅，有滅就有生，一來一往，也叫如來如去，好像來過。其實呼吸進來有停留在裡面嗎？沒有，不可能。不停留在裡面嗎？也不可能，這就是呼吸。注意《達摩禪經》，其中有祕密告訴我們，就是大阿羅漢的修行經驗，這個一呼一吸叫「長養氣」，是保養用的，也就是安那般那。

轉化四大

總之，安那般那以修風大觀爲基本，因爲風大這個氣，就是唯識學所講的八識的根本依，是八個識所根本依止的。這個生命就是一口氣，如果不從根本依上去解決，就得不了定。物理世界的生起，也是風輪先起的，研究《楞嚴經》就知道；念頭一動，氣就跟著動，四大作用跟進，各種感受、念頭、境界跟著來。反過來，你念頭眞的止了，專一了，就會轉化四大業報之身。

修安那般那是先轉化你的四大，由風大、由氣來轉變你的地水火風，轉變習氣，每一個細胞神經都轉了；因爲這個業報之身轉了，超越了欲界天所有境界，才可以得到禪定。這是簡單明了告訴你們一個大原則，所以叫你們好好修安那般那，從修小乘禪觀入手。

這是佛學講修證之路的一個科學系統，同生命科學連起來，是一個根本的道理。如果這個不懂，所有學佛都是白搞的，所有打坐也是白坐的，不管你學密宗、禪宗，學什麼宗都沒有用。

這個法門是爲自己的修行，如果本身沒有求證到，而說自己是說法利他，那是罪過的。即使把經典教理背得滾瓜爛熟，如果自己沒有求證到的話，講好聽是「學舌鸚鵡」，不好聽是自欺欺人，所以自己必須要證到。

老子也說出入息

現在講到修出入息的法門，首先要認識什麼是出入息。除了佛說的這個出入息以外，還有哪個祖師也說過呢？是老子說過的。我一提你們想起來了吧！老子說「天地之間其猶橐籥乎」。實際上這個籥是笛子，裡面空的，氣一進來就發出聲音。風箱也叫橐籥，以前打鐵的火爐，旁邊有個風箱，一拉一送，唧噗唧噗，那個風就動了，把火吹了起來。老子告訴我們，整個的宇宙空間及生命，是一生一滅，一來一去的呼吸關係。

道家修練太極拳，老子也告訴你修呼吸最好，修到什麼境界呢？修到「專氣致柔，能嬰兒乎」。尤其打太極拳，大家都曉得用他這一句話，實際上工夫都沒有到。佛傳你修安那般那、出入息的法門，可以成仙，長生不老。「專氣」是修練這個出入息安那般那；「致柔」是把這一身的細胞、骨頭統統都變成非常柔軟。不管你是否一百歲才開始修，只要工夫到了，整個的身體同嬰兒一樣，就是由這個一出一入的氣，把它修成這樣的。剛出生的嬰兒「阿」一哭，氣一進一出，在一百天內，就是不哭很靜的時候，好像沒有呼吸了，這時嬰兒的呼吸不在鼻子，是肚子下面丹田自然在動。現在先告訴你們學理，再用方法練習，你就可以上路了。

現在你們看到鼻子呼吸很簡單，但是都有所不同。學過瑜珈，學過密宗，學過禪，呼吸都有不同，左邊的氣和右邊的氣又不同。早晨睡醒右鼻很通，左邊不大通，身體有一點問題了；如果再加上呼吸困難，更有問題，自己就要知道了。豈止這個，連下面放的屁，都有左邊右邊的氣不同，你以為放屁那麼容易嗎？

自己體會體會，這個生命不是那麼簡單的，此其一。

第二，兩鼻孔的氣，當眞的工夫到這裡，得定了，呼吸不動了，鼻子不呼吸了，但鼻子的根根在呼吸；最後來到腦子在呼吸。工夫到了這裡，那你差不多了。所以學佛叫止觀，得止，很寧靜；得定了以後，自己內在的智慧，看內部的身體，慢慢的觀察，就是止觀，這都是有爲法。道家同密宗把這個修法歸納爲一句話，叫「內照形軀」四個字。所以中國修神仙的丹經《參同契》，也提到「內照形軀」。當時佛經還沒有傳過來，中國已經有了這種說法。

出入息發展出的法門

再回頭說，原來密宗的修氣、修脈、修明點、修拙火，都是安那般那出入息發展出來的一切一切。譬如密宗的花教——薩迦派的瑜珈，有一個人最崇拜這個瑜珈，此人也是我的學生，我就順便撿一個法本給他，他常帶在身上，有時拿出來問我問題。我說這是薩迦派的，四個階段，也是瑜珈修法。

所以好多年前，我在海外在台灣，看到大陸流行氣功，我又難過又好笑。我說中國文化怎麼變成這樣！氣功有什麼了不起啊，大家對「氣」是什麼東西也不懂。我說中國的文化如果講修練，第一步練武功，第二步是氣功，第三步是內功，比氣功要高一層了，第四步是道功，第五步是禪功。我說現在中國怎麼一齊搞氣功？氣是什麼東西啊？都把一呼一吸當成了氣；一呼一吸是氣，但屬於風大。天台宗的數息觀教你數息，現在禪宗也學天台宗，只講數息，打起坐來就在那裡管出入息，計算這個數字，學了一輩子就搞這個。所以我在《如何修證佛法》這本書上就講，你們修這個是學會計啊！呼吸幾秒鐘往來一次，晝夜二十四個鐘頭我們呼吸了多少次，現在科學統計得很清楚啊，你記這個數字幹嘛？呼吸進來出去，它能夠停留嗎？要像攢錢一樣留在那裡，你找死啊！呼吸進來如果留在那裡不出去，都是碳氣，會生病的，呼吸要流通才健康啊。

如果達到了得定，止息，不呼也不吸，那個就是眞息。佛告訴你的，呼吸往來叫「長養氣」，是保養用的，等到止息，不呼也不吸，鼻子、身體，都沒有呼吸了，定住了，那個止息是止了「報身氣」，那是生命的根本。你能把握住了那個，可以祛病延年，活久一點；不一定說不死，不過也許不死。

第三節

六妙門的修法

說六妙門

講到修行的方法及理論，現在先說一般流行的六妙門，數息、隨息、止息、觀、還、淨。後世的說法有些解釋岔開了，和原始小乘佛經《阿含經》所講的有差別。說到六妙門，現在日本及全世界流行的禪宗，做工夫還在六妙門上轉，還在那裡數息，工夫到達隨息的都很少。我也不敢說走遍了全世界，至少日本美國去過，歐洲法國也去過，了解的情況大致如此。

佛法裡頭講修行的，是由有為法入手開始修，這是講學理上的話。什麼是有為法？就是由現實的這個生命，由物理世界，生理方面，開始著手修出入息的方法。這是釋迦牟尼佛以後傳到中國來的。這個流行了一兩千年的六妙門，究竟有多少人用這個法門修持得了成就？在我一生的經驗，我非常感慨的告訴大家，幾乎沒有看到過一個。乃至現在流行在全世界，尤其是日本的禪宗，曹洞宗也是一樣。

這個六妙門，釋迦牟尼佛他老人家並沒有講。誰講的呢？是我們的大師兄們五百羅漢，是他們從修持的經驗提出來的方法。我們研究發現，佛也曾講過，只不過沒有講那麼多，因爲當年時代不同嘛。我常常笑你們學佛都曉得拜菩薩，沒有人去拜羅漢，羅漢才值得拜呢！羅漢是什麼呢？就是三皈依的皈依僧。這些羅漢僧，都是出家有成就的。蘇東坡專拜羅漢，拜得最厲害，他很懂。羅漢就是聖僧，出了家得道的和尚，也叫聖賢僧，我們中文倒過來叫賢聖僧。

《達摩禪經》裡提到過一點六妙門的方法，不是主要法門；當時他傳下來，沒有詳細分類，只是提了一下。爲什麼？這是問題了。現在找根源，佛在小乘經典裡，尤其是《阿含經》裡曾提出這個法門。照佛的原話，佛在《阿含經》裡提到「息長知長，息短知短，息冷知冷，息暖知暖」。這是他老人家當時傳給弟子們的，不過只講「長短冷暖」而已。當年這些大阿羅漢聖賢僧們，以及那些祖師們，由於智慧高，所以一聽就懂了，不像我們這樣笨。

色身轉化

六妙門是修色身轉化，是對父母所生這個肉體生命，一個非常初步的轉化方法。但是我很感嘆，流傳到現在一兩千年，眞修實證做實驗達到的，萬難取一，一萬個人裡頭沒有一個。學理好像自己都會，都是玩聰明的，那是絕對沒有用的。

修行爲什麼要先改變自己的色身呢？《楞嚴經》中佛最後的吩咐要記住哦！「生因識有」，我們生命投胎來的時候，十二因緣裡無明緣行，行緣識，是心意識精神跟物質結合，也就是跟地水火風空五大結合才有了身體。第二句話「滅從色除」，色就是地水火風空，物理、物質、生理上的。你要修行上路，把生命恢復到原有成佛的境界，就要從肉體上來轉變。

下面「理則頓悟，乘悟併銷」，佛學的道理你們都懂了，這些道理要靠頓悟，一下子明白了。明白了以後「乘悟併銷」。剛才一位同學講，阿彌陀佛空的嘛。他好像理都懂了，實際上一點用都沒有。下面兩句「事非頓除」，工夫是一步一步來的，事就是工夫，不是你道理懂了色身就可以空，你空得了嗎？所以不是一懂就達到的。「因次第盡」，是一步一步修下來的，色身也是要一步一步的修持才能轉變。

數息的祕密

關於六妙門的數息，有個祕訣的，我現在把祕密告訴你們。我對你們都很慷慨的法布施，學密宗的話就不得了啦，要你們磕很多頭，拿很多供養，還有很多條件；最後拖了一年半載才告訴你一句話。我不是這樣，我能夠知道的，過去祖師們留下來的，也是天下人的，如果讓我知道了，我很不客氣的一定把它公開。我不喜歡留一手不傳人，我認爲不道德。要注意學這個精神，使人人都得好處，那才是修道的目的。

佛有個祕密的交付，當你要數息的時候，數哪一個？在哪個時候計數呢？人的貪心、私心多半在呼吸進來的時候計「一」，那是做氣功，不是修道。佛告訴你眞正修道是數出息，注意出息，這個祕密我現在告訴你了。佛講的祕密，大家經典看不懂，我就看出來了。看到這一句話，當時對佛磕頭，你總算吩咐後代的人了，可是後代的人自己不修，那就沒有辦法了。

修涅槃是注意出息，出息怎麼數呢？當你的氣進來再出去的時候，你要把所有的一切，連生命，一切煩惱，一切病痛，一切東西，跟著出息放出去。尤其是今天感冒生病，或者身體裡生瘤啊，生癌啊，讓它一齊跟著出息出去，出去就空了。你如果這樣數息，馬上身體就輕鬆了，先試一分鐘再告訴你們。

這不是理論，自己試試看，不一定盤腿，任何姿勢都可以。呼吸本來有的嘛。你注意出息，思想跟著呼吸自然走，一切煩惱痛苦，一切病痛，一切的業障，呼出去就沒有了。呼出去再進來的那個是乾淨的，到你裡面又變髒了，氧氣進來變碳氣，接著碳氣再呼出去，一切病痛也沒有了。所以要注意數的是出息，不是入息。

一般練氣功修道的，準備練功時，先吸一口氣閉起來，那是找死啊！練武功的更有這個毛病，我看到許多練少林功夫的也有這個毛病，最後還是要出去嘛。最後「嘿」的一聲，氣出去了才發生力量嘛。一般人因爲不懂，就拚命吸一口氣閉住。眞正「空」的力量比「有」的力量大，窮人比有錢人狠，對不對？所以你氣進來保持住，那就不對了。數息這個初步懂了吧！

把思想意識拉住

修行打坐，爲什麼管你的氣呢？叫你先認識自己出入息，一進一出，要你把心跟呼吸配合。思想跟呼吸，這是兩樣東西哦！從生命投胎以來就分開的。你看人活到五十幾，老了，但永遠很規律的呼吸，卻根本不曉得呼吸是什麼！更不知道你的思想跟呼吸又有什麼關係。你沒有去管，只是你那個第六意識思想在亂想亂跑，是不是這樣？佛學有一句話，就是把向外馳求那個心，像野馬一樣向外亂跑的心，用自己生命這個氣，風大，當做一條繩子，把亂跑的心拉回來，與氣配合在一起。

怎麼拉呢？你當然不會拉，所以告訴你先要「數」，先數自己的呼吸，氣一進一出數一、數二……其實這個時候三個心在用。你知道「數」是心的投影，那個心跟氣配合爲一，就是一個心在用了；旁邊還有一個影子（心）在看自己數對了沒有，兩個了，都是自己變的；後面還有個監察的作用哦！（也是心的作用）這一下我沒有亂想，完全數對了。你看這個心的厲害！所以廟子上塑的菩薩四個面孔，四面自己都看到了，佛像就代表你的心，我們心的功能同時在四面都可以看見。

道家懂了釋迦牟尼佛修出入息的法門，就有個比方叫「降龍伏虎」，要把這個思想、那個思想拴住。思想就像飛鳥一樣，亂跑的，你自己做不了主。思想來不知所從來，去不知所從去；如果你把注意集中在呼吸上，思想就被你拉回來了。

但不要故意去呼吸，我們這個鼻子有呼吸往來，你平時也都沒有注意，現在上座什麼都不管，能夠聽得見更好，如果聽不見你也會感覺到呼吸一進一出，一進一出。你感覺第一下，感覺第二下，思想跑開了，你就曉得心和氣兩個分開了，趕快把它拉回來。所以道家又比喻這個爲男女結合，陰陽雙修，等於女人跟男人配合連一起。道家說陰陽配合在一起，中間有一個媒婆叫「黃婆」，媒婆就是「意」；是你那個意識要把呼吸跟思想拉在一起。但不要太注意哦，呼吸本來有往來嘛。一上座什麼都不管，意識只注意這個呼吸，思想就與呼吸結合在一起不亂跑了，方法很簡單。

如何數息

可是一般人做不到，佛就告訴你「數」。怎麼數呢？你知道呼吸出去，你注意它出去了，又進來了。一進一出叫一息，你數一；再來一進一出，數二；再來一進一出，數三；記這個數字。如果呼吸一進一出，一二三四五六七八九十，數到十以後，還有個方法，不數下去了，再呼吸一進一出數九，再一進一出倒回來數八。如果呼吸一進一出數到三，中間想到別的了，不算數，重新來過。如果數到六，又有別的思想岔過來，不算數，再從一數起，這叫數息的法門。

可是你們想想看，我們的呼吸本來天生一進一出，本來有的，對不對？同時我們還有一個作用，感覺到自己有沒有注意呼吸。哎唷！不對了，又亂想了，有這個作用對不對？這一心就有三個作用。所以我們普通罵人不要「三心二意」，三個心二個意，你看我們生命多麼鬧熱啊。三心二意合起來就有五個哦，五心歸一，你只要注意呼吸，不要太用心，自然放鬆，呼吸到哪裡你不要管，但你會感覺到的。如果思想跟這個呼吸到胃部了，或到別處了，也是妄想，因為心跟息沒有配合為一。

有些禪定的書上告訴你「眼觀鼻，鼻觀心」。搞得這些修行人就把眼睛盯在鼻尖上，低著頭，那要命了，會成精神病的，腦子氣也走不通。其實那不過是叫你眼睛不要觀外面，只要注意一下鼻孔呼吸罷了。初步呼吸是鼻孔裡頭出入，跟心念配合在一起，這才叫「眼觀鼻，鼻觀心」嘛。不是守這裡啊，要配合心念就寧靜了。這一寧靜你有感覺的。

如果呼吸進來，好像下不去，只到肺部，或者是哪裡難過，會有很多的問題，我們慢慢再討論，先了解這樣叫數息，一共有六個要點。數息第一步，隨息第二步，第三步止息，第四步觀，沒有講觀息。數、隨、止、觀、還、淨，其實應該說數息、隨息、止息、觀息、還息、淨息。可是他把下面這三個息字拿掉了，這就出了問題。

數和隨

數息的目標再講一遍，你打起坐來數息一二三，爲什麼用數呢？能數的是心念，呼吸不管你數不數它，同它沒有關係，不過借用這個呼吸把心念拉回來，跟呼吸配合。大家學佛修道，拚命在那裡數息，我說你們是學佛還是學會計啊？呼吸是生滅法耶，進來又出去了，出去一定是空的嘛，你數那個空的東西幹嘛！可是佛爲什麼叫你用數息呢？因爲你心念拉不回來，所以用呼吸往來做工具，把心念拉回來。心念拉回來你就不要數了嘛！不數幹什麼？隨。

第二步是隨息。你已經知道呼吸進來，呼吸出去，進來知道進來，出去知道出去，旁邊那些思想妄念一概不要理。等於禪宗祖師的一句話「龍銜海珠，游魚不顧」。聽懂了嗎？只要心念專一，旁邊的雜念思想一概不理。「龍銜海珠，游魚不顧」這一句話，初步可以借用到這裡。你專一了嘛？專一了就隨息，氣進來心念知道它進來，你管它到哪裡呢！但是你會有感覺的。

當這個氣進來，莊子說：「眾人之息以喉」，記住哦！普通人的呼吸只到胸部肺部，或者身體不好只到喉部；「眞人之息以踵」，得道的人，有工夫的人，氣一進來，一直灌到腳底心。我老實告訴你們一個經驗，像我們呼吸時，沒有感覺到身體有呼吸，但是腳心腳趾氣就到了，四肢都到了。氣長命就長嘛，氣短命就短了，這叫隨息，相隨來也。你看唱京戲的唱崑曲的，那個小姐同那個書生，相隨來也；跟著來了，這叫隨息。不要用心的，有一些雜念妄想一概不理，那個雜念妄想你已經知道了嘛！知道了它就已經跑開了，所以你只管這個息就是了。這樣聽懂了吧！這是六妙門第二個隨息。今天再把祕密告訴你們，修六妙門數息時，我常常叫你們不要數了，你就直接隨息就可以了。

止息的狀態

如何是止息呢？你看人的呼吸，剛才給你們講，一上來粗心大意的時候，有呼也有吸。我們這個身體很奇妙耶，你兩腿一盤，什麼都不管，像魚在水裡頭呼吸，嘴巴吸進來，從兩邊鰓噴出去了。你看那個魚噴啊噴啊，有時候它嘴巴不動，不噴水了。我們也一樣，鼻子呼吸一進一出，到了寧靜專一時，呼吸也不動了，好像沒有呼吸了，這就是止息。

到了止息的時候，你的心境也自然特別寧靜了。好，這個時候你會感覺到，於是不知不覺的就會去注意感覺了；但是你不要注意感覺！氣本來空的嘛！如果你覺得太充滿，或者用鼻子，或者用嘴巴，把它呼出去；一概把它放掉，空了，身體也不管了。氣充滿了念頭也止了，身體內部的變化就很大了。

我從前帶兵時，夜裡常去視察一兩次，有了經驗。凡是打呼的，呼吸很粗的，他沒有睡好；雖然睡著了，其實腦子在做夢。眞正睡眠睡好的，你覺得他一點呼吸都沒有，一點都聽不見，大概有一分鐘，那個時候才是眞睡著了，這就叫止息。所以人的腦筋眞的寧靜到極點，往來的呼吸好像停止了，那叫止息；出入息的中間有這個止息的階段。照科學的研究，一個人夜裡睡六個鐘頭或八個鐘頭，其實沒有眞正在睡，是左右腦分區在休息，裡頭還在思想。所以每個人可以說都在做夢，可是醒了卻忘掉了。研究唯識你就懂了，眞正睡著那一剎那，無夢無想，是眞正止息，那個睡眠不會超過一刻鐘的。所以打坐修定的人，做到身心寧靜，止息一刻鐘或半個鐘頭，你一天精神用不完，那就是眞正的充電了。

但是一出一入中間很短暫，你分不清楚，中間那個寧靜的階段是很快速的。拿機械物理來比喻，就像發動機嘎啦嘎啦在轉，你聽到第一聲到第二聲中間有個空檔，是非常快速的刹那；在呼吸一出一入，一進一出中間，有一段刹那之間的，就是眞息。

道家有個女神仙，是宋朝開國大元帥曹彬的孫女，她出家得道，叫曹文逸仙姑。她有一篇修道的歌，可以跟永嘉大師的〈證道歌〉相提並論，叫做〈靈源大道歌〉。其中講到生命根本的一句話，非常好，就是「命蒂原來在眞息」。這個生命的根蒂，就在一出一入之間的那個止息的階段。這個一出一入的眞息，就是一切眾生的生命所在。

六字訣

修六妙門止觀，有個六字口訣很重要；呵、嘘、呼、吹、嘻、呬，究竟是從佛家來的，或者是道家來的，我到現在爲止還沒有弄清楚。這是講學問知識。用處呢？非常有用，這六個字發音效力很不尋常。

「呵」的發音，喉嚨沒有聲音，當你修安那般那呼吸法的時候，如果感覺自己心臟胸口這裡難過，就用「呵」字。這個聲音從心臟這裡呵……把這一口氣呵完了，嘴巴一閉，氣自然回轉來。你呵幾次，胸口心臟這裡氣打開了，病也出去了。

「嘘」字的發音是「河威」合起來，這是與肝有關的音。

「呼」是脾胃有問題，消化不良用呼字，嘴巴發音的形態，你看呼怎麼發音。（師示範）

「吹」字是腎部，腰這裡難過，氣走不通，用吹字發音，不是唸出聲音來，這個嘴巴如吹簫，吹笛子（師示範），一口氣把腰、腎臟所有毛病吹完。吹到最後沒有了，嘴巴一閉，自然呼吸。一兩次以後這裡就鬆開了。

「嘻」字是什麼發音？我們人高興怎麼笑啊？嘻嘻，嘻嘻，就是嘻這個發音，把前面三焦都打開了。

「呬」：你用廣東話發音、閩南話發音也可以，西啊，斯啊差不多，嘴巴拉開，是與肺部有關的。這六個字發音非常重要，所以屬於安那般那出息的法門。

你們很少看到真正的叢林，在中國的大廟子，像寧波天童寺、阿育王寺，或者常州天寧寺，不知道現在還有沒有。真正的叢林建築，就是表示修行的方法。你一進到山門裡頭，前面的殿有哼哈二將，那個「哼」是用鼻子呼氣，「哈」是用嘴巴哈氣。爲什麼一進叢林，最先看到哼哈兩個神將呢？就是安那般那，是呼吸作用。哼哈二將這個殿過了，再進去是四大天王，兩個眼睛，兩個耳朵。也可以說是眼睛，耳朵，鼻子，嘴巴。中間有一個大肚子的彌勒菩薩，哈哈大笑，也可以嘻嘻大笑，人生難得開口一笑，所有的氣都通了，對不對？大叢林修好了，統統把修行方法在形象上告訴了我們。

彌勒菩薩後面才是韋馱護法菩薩，再進去大殿上是釋迦牟尼佛，法報化三身坐在那裡。再轉過大殿，背後是大慈大悲觀世音菩薩，得道以後入世，再來苦海裡救度眾生。大殿釋迦牟尼佛邊上兩排是十八羅漢，或者是四大菩薩，都是配套的。眞正大叢林，用偶像來告訴人修行的方法，修行的路線都很清楚。大家不懂，當做偶像崇拜，實際上是告訴你修行先從安那般那，哼哈二將入手。

觀還淨

「觀」，什麼叫「觀」呢？止息以後，你知道自己呼吸寧靜了，雖然沒有完全定住，很久才呼吸一次，你也知道了，不管了，這個時候是觀。你那個所謂知道，已經是觀了，不要另外再有個觀。你知道自己這個樣子，不就是在觀了嗎？然後你會產生什麼問題呢？你觀察到，自己這個氣到胸口怎麼下不去呢？背上這裡很難過啊！這就是觀，你看到了。這個時候怎麼辦呢？你看到自己背痛腰痠，好像肝這裡很難過，是不是生了什麼東西了？你的懷疑都來了。但是不要理它，你這個時候最好故意提起來，不是鼻子了，要點是在難過的地方，把它定住不動。

「還」，是要按前面這樣修行，然後工夫到了，好像鼻子呼吸一切都停止了，身體內部都完全變化了，變化回還到哪裡去啊？你看六妙門書上轉向大乘般若空的方向走了，空觀啊，假觀啊，把人家帶向那一路走了。明明六妙門是小乘的修法，是工夫耶，回還到哪裡呢？應該回到不呼不吸，就是老子講的「能嬰兒乎」，回到在娘胎裡，或者剛出娘胎時，那個嬰兒的呼吸狀態，應該「還」到那裡去才對。

「淨」，然後呼吸也清淨了，雜念也清淨了。雜念清淨了以後就沒有思想了嗎？錯。

因為你腦子已經知道了，這就是觀，不是用眼睛去看，是「心」觀耶！就是意識知道。然後還、淨，雜念妄想少了，心氣專一了，先定在那裡，身心轉變就非常快。然後身體內部充滿氣就發脹了，是應該這樣的「還」啊！如果一天到晚勾腰駝背又昏沉，那就不對了。

今天的話是第一步的第一步，原來不是我不告訴你們，因爲你們一點體會都沒有，叫我怎麼講呢？現在你就可以試，就那麼短暫一下就到了。但是到了，不要認爲佛法就是這一點哦！這只是叫你認識第一步。可是你們到了這一步，精神來了，不想睡了，起初你們坐在那裡身體動來動去，因爲身體的氣不充滿；你到這一步，氣充滿了，不動如山了。

可是你會發現一個現象，血壓高，頭發脹，睡不著了，所以一步有一步的境界，一步有它一步的對治方法。懂了，進步就很快，但是，一般的修止修觀，修安那般那的呼吸往來，把鼻子的呼吸下意識的向下引導，就引到下面去了。然後又專注在意識上，感覺上，同鼻子一點都沒有關聯了。鼻子到喉嚨這裡是自然的呼吸，不是你用意去練習出來的，千萬注意。

但是，你必須要身心端容正坐，把「身見」先丟掉。佛叫你們念十個法門：念佛、念法、念僧、念戒、念施、念天、念安那般那、念休息、念身、念死。我說你們不要上佛的當，佛把「死」放在最後一個，其實一上座就把自己當做死了，這個肉體擺在這裡不動，然後你直接進入安那般那，一下就到了，你還管這個身體幹什麼？

六妙門的問題

開始給你們講的重點，就是修出入息，我給古道他們少林寺的一些出家人也講過；尤其古道，年輕出來到處求師訪道，剃光頭也好，吃素什麼都做，求過很多。古道原來修持不是沒有心得哦，他走天台宗的路線修禪定。天台宗那個路線是六妙門，六種方法，小止觀六妙門。所以我給古道他們專門上課討論，因爲他的確講究修持嘛。對於沒有經驗的就不給他講了。

我說古道啊，你們這幾個人注意啊，小止觀六妙門，是智者大師從《修行道地經》及《達摩禪經》抽出來的一個修行方法。天台宗創宗比禪宗晚一點點，差不多同一個時候，兩方面分開的。智者大師自己修持有成就，把這個方法寫出來以後，小止觀這個法門就在天下流通了。到現在爲止，小止觀已由小乘變成大乘了。我一點都不客氣的批評，這可是誤盡了修行人，使得走六妙門小止觀修法的人，沒有一個走通的，也沒有一個修成就的。古道！我是不是這樣說的？（古道師：是）

我好大膽啊！只有我敢對玄奘法師翻譯的唯識，及這個智者大師公然批評，統統把他一手掃了，批評了。所以我說你們看天台宗，兩三代之間只有兩三個人成功。後來的永嘉大師是先修天台宗的，但是他開悟是走禪宗的路線。他悟道以後再請六祖印證，他所寫的《永嘉禪宗集》，完全脫開了天台宗的辦法。他非常了不起，所以禪宗眞正了不起的弟子是永嘉大師，可以說他是第一人。

我說這個六妙門的問題，智者大師有錯嗎？沒有錯。他是大慈悲，他整理出來修安那般那的方法，做爲修定入門，但馬上卻轉到大乘去了。因爲他怕一般光修安那般那出入息的人，修啊修啊有神通了，變成外道；有了天眼通、天耳通、他心通、宿命通，乃至空中可以飛起來的神足通。五通一來，般若智慧受障礙了，不會大徹大悟了。因此他一轉就轉到大乘，變成三止三觀。可是從他這個以後，修行人能成就的就少了。

現在六妙門千萬不能碰了，我爲什麼寫了一本《靜坐修道與長生不老》的書呢？就是破那些執著六妙門的，破執著「因是子靜坐法」的，破那個「岡田靜坐法」的，因爲一般人都走錯路了，我是一番慈悲心寫那本書的。

現在我講的更破六妙門。六妙門是對的，只不過他用錯了，你把六妙門拿來對照看看就知道了。所以現在走遍天下的禪宗，乃至打起坐來，問他們在幹什麼？都是在修止觀，修數息觀，就在那裡打坐。不止他們哦！古人很多落在這裡。有些大名人，你翻開他的詩集看看，蘇東坡、陸放翁、白居易，他們都是學禪學道的。陸放翁的詩「一坐數千息」，打起坐來自己數這個一呼一吸，每次上座數幾千個息，等於唸咒子唸了幾千遍。你查陸放翁的詩，我看了就笑，陸放翁在學會計啊，有什麼用！好，現在再告訴你們六妙門，慢慢來。

爲什麼用這六個方法呢？其實六妙門只有一個門，原則只有一個方法，就是利用你的風大。我們生命都是氣嘛，這個氣詳細講很多，先講六妙門。你們打起坐來，思想到處飛，收不攏來。思想爲什麼不能清淨呢？你自己身體那個冷氣機電風扇沒有關掉；也就是說，你的呼吸在動，呼吸動思想就動。換句話說，思想動呼吸就動，「心」「息」兩個沒有連在一起。

我們中國人有句罵人的話，「沒有出息」，這是道家的話，說你呼吸不對，沒有出息，悶住在那裡變成笨笨的，要有出息才對。什麼人沒有出息呢？這句話好毒啊，只有死人才沒有出息，因爲死人沒有呼吸往來了嘛。所以這個息有這樣重要。

現在告訴你們，打起坐來思想爲什麼不能寧靜，念頭不能清淨呢？因爲呼吸往來，風動，行陰。呼吸爲什麼往來？因爲你思想沒有寧靜。你說這兩個哪個爲主，哪個爲附帶的呢？其實兩個平等，天秤一樣。你如果呼吸寧靜了，思想也寧靜了，這個天秤平穩了，不是心先還是氣先的問題。

我提出來批評天台宗的祖師爺，對他很抱歉，只好懺悔磕頭。那也不是他的錯，他提出來這個修法完全對，是後世搞錯了。六妙門的「數」、「隨」不算什麼了不起，是個修持入門的方法而已，全部的佛法重點在修止觀。止就是定，觀就是慧。

所以到永嘉禪師手裡，他由天台入手轉到禪宗，結論有三點：法身、般若、解脫。成佛有三個身，法身：是本體，不生不滅，不生不死，不空不有的，永恒的，明心見性以後，自己工夫證到了，就是法身成就。化身：十方一切諸佛及我們一切六道眾生，都是法身的化身。報身：譬如釋迦牟尼佛這一生，他這個肉體是報身，應報而來，應眾生的需要。所以佛以一大事因緣出世，是應化身，爲度化眾生而來的。

第四節

十六特勝的修法

這本《達摩禪經》的達摩，不是禪宗那個達摩祖師。達摩兩個字是總稱，是總論的意思，等於寫博士論文，綜合了一切祖師們修持的經驗學問的意思。佛陀跋陀羅在中國譯出來這本經，也成功了，他的徒弟慧持法師，曾給你們介紹過的，在樹洞裡坐了七百年的那位，他們師徒兩人和達摩祖師，都是同門的。

這本書你不讀百遍千遍，看不出來深意。我每次讀這種書，有時候當小說一樣翻，雖然形式很隨便，內心是無比的恭敬在求，佛啊！你總要告訴我一個消息吧！終於看出來了，《達摩禪經》有消息，祕密都在裡頭。

最好的修持方法

講到禪定、般若的修證，由「風大觀」講到六妙門，六妙門是原則，是個初步的入門，沒有什麼了不起，重點在十六特勝。十六特勝的方法，概括了六妙門，但是六妙門不足以概括十六特勝。十六特勝的修法是佛的大弟子迦葉尊者、阿難等等，一直到達摩祖師這個系統。他們修持實證的經驗，是根據《大毗婆沙論》等等。但是在經典上，實際的修證方法還是沒有說清楚。可是，在十六特勝發展下，在印度變成瑜珈，是練氣練身的方法。瑜珈和佛法的存在差不多是同一個時候，是主張修心、練氣。

眞正的修持法門是「十六特勝」，大家記住哦！有十六條原則，是特別又特別的方法，祕密又祕密的方法，好得沒有再好的方法。佛學用一個名稱「特勝」，拿現在名辭來講，是戰略上特別容易致勝的方法，是統戰的大統戰，最高的統戰，統統把它綜合了。千萬記住，這個裡頭東西太多了。

十六特勝

一、知息入。二、知息出。三、知息長短。四、知息遍身。五、除諸身行。六、受喜。七、受樂。八、受諸心行。九、心作喜。十、心作攝。十一、心作解脫。十二、觀無常。十三、觀出散。十四、觀離欲。十五、觀滅盡。十六、觀棄捨。

一、「知息入」，二、「知息出」：呼吸進來知道，出去知道。佛學經常講「六根門頭」，六根就是眼、耳、鼻、舌、身、意，大多在頭部。呼吸進來，你注意「知息入」，頭部這裡的呼吸打通了。你試試看，不要什麼都向肚子裡嚥啊、保留在丹田啊、沉下身體啊，笨蛋！你「知息入」，呼吸從鼻子裡進來，知道嘛！出去也知道嘛，其他都不要管。氣進來一定沉下去的，不必管下面，如果一邊修安那般那，氣進來，還要管肚臍管身體，你不是白修嗎！一萬年也修不好！

氣進來，你「知息入」，喉嚨以下都不要管了。「知息長，知息短」，氣一充滿，你整個身體也端正了，不呼不吸，止息也來了，就那麼簡單；半天一天就可以做到了。念頭自然清淨專一，身心立刻轉變，頭也不會昏沉了，很容易定住。

三、「知息長短」：隨時隨地對自己呼吸的一進一出，曉得長短。這一句話就是問題了，什麼叫呼吸長，呼吸短呢？你說有人那麼高，我那麼矮，還有我這裡的兩個兒子矮矮的，跟這個高的人比，差一半。那麼高個子的呼吸進來特別長嗎？我那個兒子，還有另一個也矮矮小小的，他的呼吸會短一點嗎？怎麼叫知息長，知息短呢？

所以要觀察你自己。有時候身體不好，呼吸進來出去，你覺得只到喉部胸部這裡，腸胃都達不到。像那位同學，她那個女兒，假使打坐呼吸會達到丹田、小肚子，甚至這裡有一兩個同學，可以達到腳底心。呼吸的感覺，知息長短，你靜下來當場測驗對風寒燥熱的感受，就知道自己健康不健康了。知息長短，主要在這一個「知」上，不在息上面，你要搞清楚主體在「知」，知性。這個知性在身體每一個細胞、內外都普遍的，不一定在腦子裡，而是無所不在的。先講到這裡，你們大家自己去體會，不要故意去練習呼吸。佛經告訴你，知息入、知息出、知息長短，這裡是把那些佛經歸納，知息長短，配合上你的修持；對於飲食男女，要搞清楚，嚴持戒律。

四、「知息遍身」，密宗的三脈七輪，中國醫學的十二經脈，都是直接從身體的內部感覺知道的。遍身就是息到哪裡都很清楚。這個時候不要被一般的佛學騙住了，把這個「知道」當成妄想，那你就完了。要四大皆空嘛！換句話說，你這個時候是

「明知」，不是「故犯」，隨時要明白知道。你們能這樣修持下去，只要第一步、第二步、第三步做到，你們身體精神永遠保持健康長壽，頭腦是清楚的，事業就順利了。

知息入、知息出、知息長短，你把這三個先實驗好，你的知性是沒有妄想哦！如果達到第四知息遍身時，有了妄想，用六祖的師兄神秀的偈子：「身是菩提樹，心如明鏡台，時時勤拂拭，莫使惹塵埃」。任何妄想起來，都把它丟開，不要妨礙知性，知性則存在。你一邊做工夫，注意呼吸，一邊也知道自己妄想來了，你不要管那個妄想，只管這個息。工夫做到知息遍身這一步，你的變化，用道家講的四個字「祛病延年」，一切病都好了。你要知息遍身，曉得息到達每一個細胞，就比較可以長壽，慢一點老。至少我現在在桌子上也打坐給你們看，我沒有認眞做，我還可以動作很快做給你們看。爲什麼我這個年齡還這麼輕便呢？知息遍身。不像你們，看起來比我還老。到知息遍身這個境界，就是道家的「三花聚頂，五氣朝元」了。

五是「除諸身行」：身上氣充滿，身體都變化了，變空靈了，整個身體柔軟了，內部五臟六腑統統變了。拿現在西醫講的話，中樞神經的系統變了，連帶前面道家叫任脈的自律神經系統都變了。比如自己曉得肝不好的，那個時候肝也好了。胃不好的，胃也好了。或者女性乳房像有乳瘤一樣，慢慢就化了，自己曉得化了。乃至於說五六十歲的女人，更年期過了，忽然胸部又膨脹起來，同少女一樣充滿了。我們座中有人耶，都到了，每個細胞都轉變了，她不告訴大家，自己知道而已。

到達除諸身行這個時候，修密宗的三脈七輪的氣脈打通了，生活習慣已經變了，就是你們聽慣了的一句話，「精滿不思淫」，男女的淫欲觀念沒有了，沒有壓力了，不喜歡了，當然勉強可以。這時的男女有性關係時，等於《楞嚴經》上講的「於橫陳時，味同嚼蠟」。佛把做愛兩個字非常文學的形容爲「橫陳」，做愛像兩個人運動，做瑜珈一樣，沒有性欲的觀念了；「味同嚼蠟」，沒有什麼味道了。

受喜受樂到初禪

六、「受喜」：可是還沒有受樂。樂從腦起，每一個細胞，都很「爽快」，舒服極了。爲什麼不是喜受、樂受呢？受是受陰，特別著重於感覺、觸受，得喜、得樂，你普通打坐偶然有一下，不要把普通打坐的喜樂觸受，當成那個受喜境界，那還遠得很呢，程度差別太大了。

七、「受樂」：進入初禪就受喜及「受樂」了。初禪是什麼呢？正式的禪定來了，昨天講過，「心一境性，離生喜樂」，這個時候你雜念一切清淨了。「離」這個字有兩個意義，第一個意義，這時才曉得我的知性跟身體感受是分開的，氣息和四大也可以分開。第二個意義，才曉得這個時候，如果我這一口氣不來死掉了，馬上可以跳出來，到另外一個生命境界。所以佛經形容這個生命，自己這個靈魂離開身體如「鳥之出籠」，舒服得很。就像關在籠中的鳥被放出來了，超越肉體物質的障礙。所以說是「離生喜樂」，喜是心理的，樂是四大變化，這就接近了初禪。

如果你修到初禪，配合上心理，你的脾氣、個性，毛病都改變了，就是現在走了，會生色界初禪天，那不是其他宗教講天堂的天，比那個高多了。初禪天是色界天，已經跳出了欲界，欲界眾生都有性欲的關係，色界沒有欲了，一切的欲望都清淨了。

這裡頭有一個問題，你說到了初禪天，像這個時候叫得定了，進入初禪了，還是第一步哦！那前面的工夫難道都不是禪定嗎？那是什麼呢？前面也是得定，叫什麼定？有三四個名稱。我們普通打坐是「欲界定」，是欲界的五趣（天、人、畜生、餓鬼、地獄）都可以做到的，偶然靜一下很舒服。還有「未到定」，還達不到定的一種境界。有些是「中間定」，好像不動，又好像動，屬於中間的。還有「近似定」，接近相似了。所以你們打坐修行也在修定，沒有錯。眞到了除諸身行，離生喜樂，受喜，受樂的時候才進入初禪。不過，靜定來了仍是小乘的定境，再配合《俱舍論》心理行爲轉變，思想的轉變，智慧都打開了，也許這一生就可以證到羅漢果，也許哦！

心念的境界

八、「受諸心行」，前面到除諸身行，這五步統統在氣脈裡轉，對不對？受諸心行這裡轉了，轉到心的境界了，懂了沒有？跟身體四大關係少了，跟地水火風的關係變了，感覺感受不同了。受諸心行，是由初禪進到二禪境界，由「離生喜樂」初禪，到第二禪「定生喜樂」這個心念境界。當你達到受諸心行時，就不同了，感受到二禪的定生喜樂。

九、「心作喜」，前面不是受喜受樂嗎？這裡的這個喜同那個喜不同嗎？不同。前面那個受喜受樂還帶有物質的、感覺的狀態；這個是心境的狀態，境界完全不同。爲什麼叫心作喜呢？是心意識在作意，唯識學稱這個爲作意，這就是「定生喜樂」了，所以心作喜。

十、「心作攝」，心作喜還容易懂，心作攝就難懂了，盡虛空大地歸之於一。《楞嚴經》上講，一毛端可以容納大海，心細如髮，一念萬年，萬年一念，都是心的境界。經典上也講「放之則彌六合，卷之則退藏於密」，看不見了。也就是芥子納須彌，須彌納芥子。心作攝，定生喜樂，進入二禪。

十一、「心作解脫」，這個時候就眞的解脫了，一切煩惱根根清淨了，二禪進到了三禪。心作解脫是證到三禪境界。

現在講十六特勝，過了一大半了，初禪、二禪、三禪，快到四禪捨念清淨了。心作喜，心作攝，心作解脫，修行的五個程序：戒、定、慧、解脫、解脫知見。由修戒作人開始，修定修慧，得解脫，解脫欲界的束縛了。共產黨把解脫改一改叫「解放」，修行到眞解脫，眞解放了，也眞見到自性得到大自由，大自在了。不過，解脫以後還要解脫知見。

觀無常 觀出散

你們注意知息入、知息出、知息長短、知息遍身四個，然後就不管知不知了。「知」當然仍在那裡，它沒有動過啊。除諸身行以後受喜、受樂、受諸心行，沒有知不知了，走到心行路線去了，對不對？再進一層心作喜，完全在心了，不管身了。再下去心作攝、心作解脫，清清楚楚都告訴你，到禪定境界，就是心了。佛法不是分「心、意、識」三層嗎？前面第六識屬於心，第六意識分別思想的根根在第七識的意；識就是第八識。

十二、「觀無常」，也不是知，也不是心，也不是身，都不是。觀無常，觀一切無常，觀慧，完全是智慧的境界。後面這幾個觀無常、觀出散、觀離欲、觀滅盡、觀棄捨，並不是到後面才用哦；有智慧的人，一開始知息入、知息出，已經觀無常、觀出散了。尤其更要注意的是，知道息出入，息不要抓回來，安那般那一進一出是生滅法，我們的念也不要抓回。一切眾生習性都要抓。有人挨了我一頓罵，還坐得好好的，你說是他划得來，還是我划得來？這些現象境界還有沒有？都過了，諸法無常，不永恒，都在變化。我們大家由嬰兒，到現在都五六十歲了，有做婆婆媽媽的，做奶奶公公的，每個都無常。世間一切無常，修行打坐也無常，剛才坐得好好的，都沒有了。如夢如幻都過去了，所以是「觀無常」。

修行的方法不過是一根拐杖，不要被拐杖困住了，坐輪椅不要被輪椅困住了，諸法無常，觀無常。所以從安那般那開始，出入息一進一出是無常嘛！佛告訴你這個世界一切皆無常，一切皆苦，一切是空的，一切是無我的。無常、空、無我是三法印，學佛的基本。你用這個方法修行，不要被方法困住了。否則就把無常當成有常了，那就錯了。所以不是到十二步才開始觀，是你一開始入手就在觀無常了。慧跟定配合來修，要有這個智慧再來談學佛，再來討論。

十三、「觀出散」，有人被氣困住了，就觀出散，把平常的一切不適丟開，放之於虛空。不管氣到哪裡，你有個氣，就被困住了，沒有觀無常，沒有智慧去破它，沒有觀出散。你身體有病，乃至衰老，要死，用觀出散都把它散出去，丟開了，一切皆空，死也空嘛，老也空，病也是空，出散。所以佛有一個偈子，吩咐修行的，「諸行無常」，一切作爲，一切行爲，不是永恒的，都是無常會變去的。「諸行無常，是生滅法」，一來一往，呼吸一樣，一進一出都是生滅法。「生滅滅已，寂滅爲樂」，不呼不吸絕對的清淨，呼吸也靜止了，寂滅爲樂。有智慧的人一看這個偈子，工夫也到了，理也到了，還討論個什麼啊！還有討論就已經在生滅中了。不生不滅，不來不去，所以叫你觀無常，這是慧觀，不是眼睛去看，是智慧解脫，觀出散。

觀離欲 觀滅盡 觀棄捨

十四、「觀離欲」，跳出欲界，這個世界都是自己的貪瞋癡欲望，一切都解脫了，什麼都沒有，觀無常，觀出散，觀離欲。其實你做官做生意也是這個道理，應該賺的賺，賺來是屬於你的；不應該賺的，賺了一千億，幾萬億又怎麼樣？最後還是別人的。所以我說廟港這個禪堂將來誰用？有緣的去用，誰知道！「諸行無常，是生滅法，生滅滅已，寂滅爲樂」，你應該做的做了，觀無常，觀出散，觀離欲。

十五、「觀滅盡」，什麼是滅盡啊？注意哦！什麼都沒有了，滅哪兩樣呢？滅受，滅想。受想兩個滅掉了，沒有了，思想清淨了，沒有雜念妄想，沒有什麼討論，沒有分別了，也沒有感覺了，知覺也空了，寂滅清淨。大阿羅漢進入滅盡定，是九次第定的最後一個定，絕對清淨涅槃。不管密宗也好，禪宗也好，什麼宗也好，到這裡證得滅盡定，得阿羅漢果位。萬法一切皆是空的，都沒有用。滅盡，拿什麼滅？由你知性開始到智慧成就，滅了一切妄想，滅了一切知覺感覺，都空了。觀滅盡，得滅盡定，大阿羅漢果位得滅盡定是究竟了嗎？沒有。

十六、「觀棄捨」，這是最後一個，還是要丟掉。得道，得什麼道？沒有道，連道也丟掉。我成佛了，誰成佛了？沒有人成佛。自己認爲有道、有學問、有成就，已經是狗屁了。最後觀棄捨，一切放下。

分三組的十六特勝

前面的「知息入、知息出、知息長短、知息遍身、除諸身行」我們假定這五個是一組，然後是「受喜、受樂、受諸心行、心作喜、心作攝、心作解脫」這六個又是一組。這都是言語、文字上這樣表達，做起工夫來，一念之間連著的，沒有這樣分開。可是後面這五個「觀無常、觀出散、觀離欲、觀滅盡（受想皆滅）、觀棄捨」，又是一組。

十六特勝前面五個一組，後面五個一組，中間六個一組。後面這一組沒有講唯物或唯心，沒有講與身體四大的關係，也沒有講與心念的關係，都沒有提，而是單獨成立。換句話說，你初步用功，開始腿一盤上座，呼吸進去「知息入」，你已經是「觀無常」了，因爲念念之間這個息是靠不住的，來去無常的。所以觀無常、觀出散、觀離欲、觀滅盡、觀棄捨，這是智慧啦！觀是慧學。

中間的六個心法和前面的五個，屬於止觀之學，偏重於止，由觀得止是定學。後面「觀無常、觀出散、觀離欲、觀滅盡、觀棄捨」這五個是慧學，由止而觀。念念之間隨時有觀；不是說「知息入、知息出」還沒有做到，後面這些觀就都不管了，那你就錯了。修行第一步求「止」與「觀」，當下就是。所以把十六特勝這樣分析清楚，大家就容易明白了。

爲什麼要你們修這個十六特勝，走這個路線，做這個功夫呢？因爲不管你學佛、修道家，學任何法門，一切修行就是我常提的：見地（理解）、工夫（定）、行願（作人做事），缺一不可。

第五節

與修法有關的事

十種一切入

我們講修安那般那，講了六妙門的方法，還是很粗淺的一步；也講了重要的十六特勝法門，但是佛經有一個你必須要懂的，就是「十一切入」。關於這個十一切入，小乘說得很清楚，但是佛學家是講理論的，對這些工夫方面的事並不注意。你們講修行，要修安那般那，必須要清楚了解十一切入。千萬不要唸成「十一、切入」，那就錯了。十是有十個精神物理的功能，心物一元的，一切處所，任何地方，它都會透進去穿過來的，所以叫十一切入。這是什麼東西呢？就是青黃赤白，地水火風空識。

青、黃、赤、白是色相。現在天黑了，你離開講堂看看天空，這個天空是什麼顏色？普通來講，認爲夜裡是黑的；你錯了，你沒有科學的眼睛，不懂光學。夜裡不是黑的啊！是青的，深青的，沒有一個眞正的黑存在，就是太空裡的黑洞也是深青色。太空有沒有黑洞？我幾十年前就講過，一定有，存在的。有些科學家不承認，我說我不是學科學的，別人看我講話放屁一樣，現在那個霍金一講有，大家就說有了。

赤是紅色的。這個裡頭要研究色了，你們大家在中學裡讀過，顏色分紅、橙、黃、綠、藍、靛、紫。紫到極深就變成青黑了。你注意哦，沒有黑，沒有白，怪吧！把所有東西集中在一起變黑了，變白了。黑白兩個是另外哦！紅色久了就變橙色，再變一變就變黃色，慢慢在變化，這是屬於化學了。

所以十一切入，青黃赤白四種色，怎麼變出來的？是地、水、火、風、空五種物理作用的變化。最後這個「識」，是心理精神的，這個不屬於物理的，這樣懂了吧！我們這些同學有的也講哲學佛學的，根本沒有好好研究，也沒有看經。普通上佛學院，老實講在學校裡混一混，概論也沒有讀完的，就算什麼學，什麼學了。讀書要很仔細才行。這十種東西，只有十分之一是唯心的，就是這個「識」。青、黃、赤、白、地、水、火、風、空，都是唯物的。

注意！這十種是一切入，你在這裡打坐，你的身心內外，整個宇宙，一切都穿插進來了，都穿透你的身心，所以叫十種一切入。乃至鋼板，乃至太空艙，什麼都擋不住的，一切處都透入。譬如我們現在看到這個建築有墻壁，你說擋得住嗎？沒有，地水火風空照樣透過來。所以我們的身體爲什麼會衰老？是受物理的侵蝕變化，都透進來了。甚至你在這裡打坐，做起工夫來有境界，都是在受這個物理的影響干擾。

所以我特別提出來重點，由修安那般那法門，叫你先認識十種一切入，了解有關生理的、物理的影響，以及對修十六特勝的影響。因爲十六特勝是很重要的，最容易得定的法門，所以這些都是特別須要注意的。實際上知息入、知息出、知息長短、知息遍身到除諸身行時，身體的障礙是瘦、痛、脹、痲、癢等等，這是生理上四大變化而來的。如果都沒有這些問題了，是因爲你安靜了，用《大學》裡的話就是達到這個「知止而後有定，定而後能靜，靜而後能安，安而後能慮」的境界。這是偏重於身體方面四大或五大（地水火風空）的變化來說的。

瑜珈和密宗

前面說過，佛的呼吸法門發展演變有祕密的修法，印度瑜珈也是一種修法，在初步開始修行都有關係。

講到呼吸你看我們花好多錢，好幾次請印度的師父來教你們瑜珈、呼吸法，你們也不好好學，教你們洗鼻子也沒有洗，教你們洗喉嚨也沒有洗。你認爲都是不必要的，只要學佛就好了。什麼是佛法啊？這些都是佛法耶！都是學佛修持的方法，所以叫做「佛法」。花了錢，請了外國的瑜珈大師來教你，爲什麼自己不教？因爲「外來的和尚會念經」。

瑜珈修法每天要清潔九竅；臉上七個洞，下面大小便兩個洞，都要清理的。譬如大家住在都市，空氣污染，每天都要清洗鼻孔。學瑜珈不但洗鼻孔，同時還要洗腦。有些同學跟著我學到了，有些同學不敢試。用完全乾淨的冷水，鼻子吸進來，嘴巴噗！噴出去。洗腦、洗鼻子，要很乾淨的水。開始一兩次你覺得腦很痛，實際上腦神經很多髒東西，三四次以後舒服得很。這是洗鼻子，洗腦的方法，甚至後來練好成為硬工夫了。也可以用牛奶洗，喝下去，一股氣從鼻子裡衝出來，但是一般不用牛奶，用清水。

到了西藏，密宗把十六特勝變成修氣、修脈、修明點、修拙火。不管你哪一個，眞修密宗的話，修氣修脈，修明點修拙火，修成功了，最後走的時候，這個肉體變成虹光之身，化成一道光就沒有了，整個肉體不必火化的。譬如我們這個時代，五十年前在西藏，還有兩個喇嘛是這樣化成光走的，這是在西藏的帶兵部隊長親自看到的。這就是修氣、修脈、修明點、修拙火的成就。

密宗修氣的方法和十六特勝出入息，其實是一樣的，像我們在西藏和黃教、紅教、花教、白教都接觸過的，所以才了解。因爲白教的貢噶師父，我們還交換過很多資料、方法，曉得這一套理論是印度的瑜珈，被密宗採用了；不過現在很多都不存在了，因此修密宗的行者，要修到這樣的工夫是很難做到的。

境行果

譬如你進禪堂打坐修安般法門，不過是開始練習，要修到行住坐臥都在這個境界裡，那是光明清淨的，這才達到學佛的境界，而你每天的境、行、果如何，也都是很明顯的。今天再補充昨天晚上講的，我提出來境、行、果，對學密宗，學禪，學一切法門都是很重要的。過去上課沒有講，因爲是白講，今天正式在禪堂裡修「十六特勝」，所以就叫你們注意了。做一分的工夫有一分的收穫，做兩分的工夫有兩分的收穫，一步一步都有它的境、行、果。

其實這三個字豈止是修行，我們讀書也好，寫字也好，求學也好，做任何工夫也好，都有它的境、行、果。但是這三個字用之世間法上，並不妥當，因爲眞正的境、行、果是實證的、實修的。所以十六特勝是要實證實修，實修實證以後，會改變你的氣質，使你的身體，不會永遠在生老病死中，至少是減輕生老病死。自己曉得業力很重，業病那麼重，解脫不了，就要懺悔；所以先要你修準提法，念咒子，先修懺悔，先培養功德等等。

如果修行沒有境界我們修個什麼呢？你寫毛筆字也好，讀書也好，每天有進步，那就是一個境界！如果連境界是什麼都認不清楚，怎麼行呢！注意哦！境界的道理不是空洞的理論，其實講哲學的道理，空洞的理論也有個境界。譬如我們講到看電影，演得好演得壞，動作、神氣有個境界的，你用不用功都是有境界的。所以千萬要注意「境、行、果」。

學佛那麼多年，打坐那麼久，境也沒有，工夫也沒有，境、行、果什麼都談不上，那是沒有用的。

譬如《達摩禪經》中，十六特勝裡有一段，我曾經告訴你們說，這一段等你們到了那個境界，我再告訴你們。乃至他們幾個出家的，我都這樣對他們講。這一段我不講的原因是因爲你們沒有這個境界。譬如修止修定，修安那般那，到「除諸身行」的時候，《達摩禪經》告訴你一句話「流光參然下」，你身心和法界的光明合一了，那是境界，必定的境界。那時你坐在這裡一身內外是光，是哪一種光呢？這問題深得很，那太多了，佛經上描述青色青光，黃色黃光……那是你的功力了。

譬如今天某人告訴我，他今天很進步啊，好像什麼都懂了。我聽了只「哦」了一聲，希望他進步，但我知道他的程度，他真的會這麼快的超越嗎？譬如知息遍身，全身呼吸自由；還有除諸身行，也都是有它的境界的。

什麼是境界？譬如你呼吸進來，念頭專一了，像有人今天感覺有點進步，他說：我今天做到每個呼吸進來出去我都清楚。

這是他今天的境界。我說：你這個才是進步。因爲他平常都是在忙，思想散亂，他眞專一了，那這就是他的境界，他自己會有感覺的。到你工夫深了，譬如知息入，你覺得自己呼吸跟天地虛空相往來，自己覺得吸進來直到腳底心，到頭頂。也就是孟子講的「我善養吾浩然之氣」，和莊子講的「與天地精神往來」。這不是空話，都是有他的境界的。

譬如講修行，你眞做到除諸身行以後，心作喜、心作攝，十六特勝只要達到止、觀這個境界，你自己就能感覺到自己身體內部和外界的光明合一，一片光明，是眞的有這個境界，不是沒有境界。沒有境界修行幹什麼？譬如你們在這裡打坐，盤腿半個鐘頭，舒服啊，痛啊，就有感覺嘛！這個就是你的境界，境界一定來的。或者覺得身上舒服多了，舒服也是個境界，痛苦也是個境界。痠、痛、脹、麻、癢也都是境界，你一定有感受的境界。

你們研究《達摩禪經》的，曾來問過這一段，我當時說：

以後再說。所以今天才告訴你，不是不把祕密告訴你，是因爲你們統統沒有到，沒有經驗過。這就是工夫，就是境了，眞正的境「流光參然下」，在密宗叫做「灌頂」，這個時候是佛菩薩眞正給你灌頂下來，從上面的虛空整個灌下來，好像淋浴從頂上淋下來一樣，清涼自在，這就是境、行、果。所以修行要注意「境」、「行」，跟你的工夫配合，最後證「果」。所以修道最後證羅漢果、菩薩果，直到成佛，絕對不是空洞的。

再說氣 止息 息

佛告訴你，修安那般那首先要認識生命的氣，大原則分三種：「長養氣、報身氣、根本氣」。

第一種長養氣，這是中文的翻譯，就是使人活著、成長，就像是植物的肥料，動物的飲食一樣，保養你，使你身體有生命的新陳代謝。「新陳代謝」四個字，就是安那般那；死亡的細胞從毛孔排出去了，新的細胞生長，其實就是安那般那；這屬於長養氣，我們的一呼一吸就屬於長養氣。

關於長養氣，這是個大科學，長養氣裡頭又分四層：風、喘、氣、息。

先講「風」，風是基本的原則，中國講風就是氣流的氣，在人體內變成呼吸了。人的呼吸是第一位的，所以風是第一位。

一般呼吸叫「喘」，喘氣的喘，有一種呼吸道不好的病叫哮喘病。一般人身體都不健康，也有輕微的哮喘，呼吸只到喉嚨，或到肺的表層爲止。呼吸有聲音的，尤其睡眠的時候，感冒鼻塞時，那個聲音更粗了，這屬於喘。喘是外風和身體內部的風，互相矛盾阻礙，互相爭鬥，爲了打通氣的管道而發生的。

這是講長養氣的階段，喘屬於風大的作用。長養氣是生命的功能，同地球的大氣層連帶的。所以，假使超過高空，在大氣層以外，這個氣就變化了，那個是眞空，所以太空人要受訓練的。假使不帶氧氣到太空，超過大氣層外面，只有得了四禪定的人也許沒有關係，也許哦！因爲不需要長養氣，呼吸安那般那了。

長養氣的第三步是「氣」，氣的階段不喘了，譬如修定的人，靜坐坐得好，好像感覺鼻子沒有呼吸，或很慢很輕微來往，這個是屬於氣。所以修持方面講的氣，不是普通空氣的氣。中國古代是這個「炁」，「无」字下面四點，無火之謂炁，好像沒有作用，可是還有往來，很久很慢，偶然有一下往來的作用，似乎沒有感受；沒有風，沒有喘，那個叫氣了。

再進一步就是「息」，這個息是很微細的進出往來，氣都沒有了，身體內部的障礙統統沒有了，痠痛脹痲癢等等感受也一點都沒有了，完全寧靜，好像一點呼吸都沒有，而是息遍滿全身。然後感覺每個細胞乃至九竅——頭上七竅，加上大小便的二竅，全身每個細胞，自然都是往來充滿，好像跟大氣、虛空相通了，那個就是息的境界。這個我從來沒講過，因爲眾生愚昧，說了也不懂。

我們普通人到什麼時候才知道呼吸呢？在枕頭上，想睡還沒有睡著，聽到了自己的呼吸。在這個時候，越聽到自己呼吸，越睡不著，失眠的人聽呼吸最清楚，平常聽不清楚，毛孔的呼吸就更不用講了。

再說止息，有很明顯的例子，看東西很注意時，呼吸就輕微了，會停止，因爲注意力集中了。還有，很害怕的時候，或者碰到很高興的事時，那一刹那，呼吸會停止。爲什麼停止？因爲你思想專一了，這是止息的道理。

所以，當一個人的精神思想專注某一點時，呼吸自然和思想結合在一起，這叫專一精神。一個科學家思考某個問題時，或者一個文學家寫一篇文章時，在集中思考的時候，呼吸差不多都停止了。

懂了這個原理，那你修行時，把思想念頭完全放空靈，這時呼吸慢慢充滿，它自己自然停止了，這個叫做止息。

誰在退步

由安那般那知息入起，一共十六條，一條一條告訴你這個特勝法門，修行只有這一條路最好，什麼禪啊，密啊，統統推翻了，就是這一條路，是佛講的一條成功的法門。所以《達摩禪經》非常辛苦的告訴你這一條路，然後更要注意，他講這個法門以前，講到修行人最容易退，天天講發心修行，天天退步。走一步退三步，就算不退也會減，就是退得慢一點；比較好的是停留那裡不進步，這就是退、減、住。

《達摩禪經》先講了幾十個情況，粗略的講有三四十個，仔細分析的話，每個裡頭都是退。你覺得自己在修行用功，其實你天天在退步；不退步當然就是進步。所以《達摩禪經》很難搞懂，這就是祕密的法門，退、滅、住。住就是停留，不要停留，要升進，向前進。到最後滅盡定還要捨棄，才能證到一切皆空，眞達到空的境界，才是見到空性。

大家把六妙門到十六特勝的修法，先要仔細的記住，要自己一步一步去實驗，去推進，這是非常重要的，這不是討論問題。記住「諸行無常，是生滅法，生滅滅已，寂滅爲樂」。

再者，有些著相的人修得成了精神病，說打坐看到光，看到神像，看到佛啊，看到鬼啊、神啊，儘說那些神話鬼話的人，自己不知道那只是心理物理的作用。

《達摩禪經》上說「安般者二種」，我現在濃縮跟你們講，《達摩禪經》第一講到修行容易退轉，一般人開始很願意修行，慢慢都退了，有三四十種退，實際上還不止。譬如你們這幾天在這裡看起來很精進，只要上了車回去以後，已經退了。像我這樣努力勤勞的人還沒有耶！一般人不會幹的。

如果眞心修行，還是要時時刻刻努力，時時刻刻的反省檢討，更要切實認眞求證，才不辜負自己的發心。

南師所講呼吸法門精要

建議售價・160元

彙　　編・劉雨虹

出版發行・南懷瑾文化事業有限公司
網址：www.nhjce.com

代理經銷・白象文化事業有限公司
412台中市大里區科技路1號8樓之2（台中軟體園區）
出版專線：（04）2496-5995　　傳真：（04）2496-9901
401台中市東區和平街228巷44號（經銷部）
購書專線：（04）2220-8589　　傳真：（04）2220-8505

印　　刷・基盛印刷工場

版　　次・2014年6月初版一刷
2014年9月初版二刷
2015年3月初版三刷
2016年5月初版四刷
2017年3月初版五刷
2018年2月初版六刷
2018年11月初版七刷
2019年6月初版八刷
2020年6月初版九刷
2021年7月初版十刷
2022年8月初版十一刷
2023年12月初版十二刷

設計編印
白象文化
www.ElephantWhite.com.tw
press.store@msa.hinet.net
總監：張輝潭　專案主編：林孟侃

國家圖書館出版品預行編目資料

南師所講呼吸法門精要／劉雨虹彙編．－初版．－
臺北市：南懷瑾文化，2014.06
面：　公分.
ISBN 978-986-90588-3-4（平裝）
1.佛教修持
225.7　　103006814